太极冠军演练图谱

# 三十二式太极拳

侯雯 编著

中原出版传媒集团
中原传媒股份公司
河南科学技术出版社

**图书在版编目（CIP）数据**

三十二式太极拳 / 侯雯编著 .—郑州：河南科学技术出版社，2019.1
（太极冠军演练图谱）
ISBN 978-7-5349-9159-2

Ⅰ . ①三…　Ⅱ . ①侯…　Ⅲ . ①太极拳 - 图谱　Ⅳ . ① G852.11-64

中国版本图书馆 CIP 数据核字（2018）第 034612 号

---

**出版发行**：河南科学技术出版社
地址：郑州市经五路66号　　邮编：450002
电话：（0371）65737028　65788636
网址：www.hnstp.cn
**策划编辑**：董　涛
**责任编辑**：陈海颜
**责任校对**：杨晓珂
**封面设计**：朱　婧
**版式设计**：王高峰
**摄　　影**：高　翔
**责任印制**：张艳芳
**印　　刷**：河南新达彩印有限公司
**经　　销**：全国新华书店
**开　　本**：720 mm × 1020 mm　1/16　**印张**：5　**字数**：128千字
**版　　次**：2019年1月第1版　2019年1月第1次印刷
**定　　价**：35.00元

---

# “太极冠军演练图谱”编委会

（排名不分先后）

# 三十二式太极拳

三十二式太极拳，是太极拳推广的一个典范套路。由中国武术运动管理中心和中国武术院于1997年编制，有很好的健身性和表演性。

按照中国武术段位制规定，三十二式太极拳是四段位考核内容，所以又称作“四段位太极拳”。能打好三十二式太极拳，意味已具备太极拳的中级水平。

三十二式太极拳最大的特点是综合性较强。初段位的八式、十六式、二十四式太极拳均是杨式风格的，而三十二式太极拳综合了不少其他流派太极拳的动作，如武式的“下式”“金鸡独立”，孙式的“进步搬拦捶”等，风格变化较大。

# 目 录

# 第一式　起式

【练法】

1. 两脚并拢，身体自然直立；头颈端正，下颏内收，胸腹舒松，肩臂松垂，两掌轻贴大腿外侧；精神集中，呼吸自然；平视前方。（图 1.1）

2. 左脚向左慢慢开步，两脚间距与肩同宽，脚尖向前。（图1.2～图1.4）

图 1.1

图 1.2

图 1.3

图 1.4

3.两臂慢慢向前平举，高与肩平，与肩同宽，掌心向下。（图1.5）

4.两腿屈膝下蹲，两掌轻轻下按至腹前，肘膝相对；目视前方。（图1.6、图1.7）

【要点】

1.起式时，要心静体松，立身中正，头颈竖直，舒胸收臀，周身舒松。

2.左脚开步时，重心先移向右脚，左脚脚跟先离地，随之前脚掌再离地面，轻轻提起全脚，高不过右踝。开步落脚时，前脚掌先着地，随之全脚掌踏实，重心落于两脚之间。这种重心转换的步法，体现了太极拳“轻起轻落，点起点落”的重要步法规律。

3.两臂前平举时，手起肘随，将臂举起，肘关节微屈，保持沉肩垂肘的要领，不要掀肘耸肩。屈蹲向下按掌时，两掌要随屈膝向下按落，上下动作协同一致。

4.掌下按至终点（腹前）定式时，须舒指展掌，不要坐腕向上翘指。

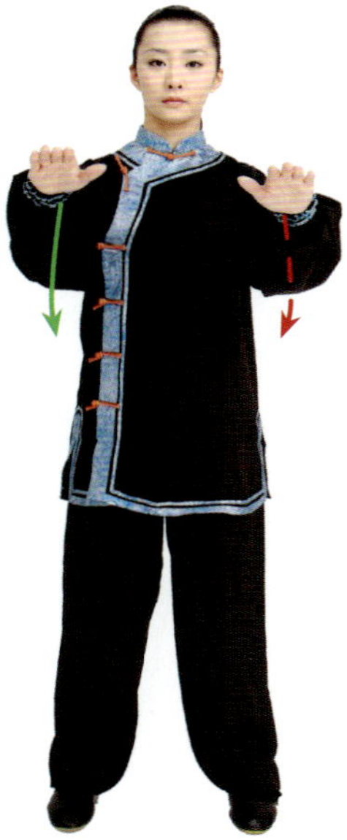

图1.5

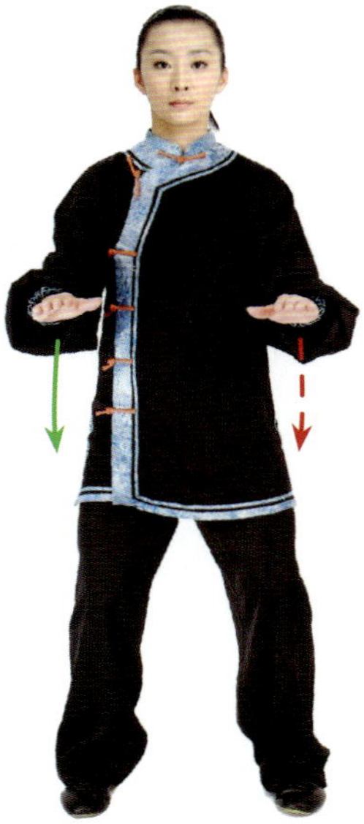

图1.6

图1.7

# 第二式　右揽雀尾

【练法】

1. 上体微右转，右臂上抬，屈于右胸前，掌心向下；左掌外旋，向右画弧至右腹前，掌心翻向上，与右掌掌心相对，呈“抱球”状。重心移至右腿，左脚收于右脚内侧。（图 2.1～图 2.3）

2. 上体微左转，左脚向左前方上步，脚跟轻轻落地，随之两掌微合前送。（图 2.4）

图 2.1

图 2.2

图 2.3

图 2.4

3. 上体继续左转，重心前移，成左弓步。左臂向前掤出，左掌与胸同高，掌心向内，指尖向右；右掌向下，落于右胯旁，掌心向下，指尖向前；两臂微屈。（图 2.5）

4. 重心移向右腿并屈蹲，上体微右转，左脚稍内扣；接着，重心移至左腿并屈蹲，右脚收于左脚内侧。左臂内旋，屈于左胸前，左掌掌心向下，与胸同高，指尖向右；右臂外旋，右掌向左画弧至左腹前，掌心向上，指尖向左；两掌相对，呈“抱球”状。（图 2.6 ~图 2.8）

图 2.5

图 2.6

图 2.7

图 2.8

5. 上体微右转，右脚向右前方轻轻上步，脚跟着地，随之两掌微合前送。（图 2.9）

6. 上体继续右转，重心前移，成右弓步。右臂向前掤出，右臂微屈，掌心向内，高与胸平；左掌向左、向下落于胯旁，掌心向下。（图 2.10、图 2.11）

7. 上体微右转，右掌前伸，掌心转向下；左掌翻转向上，伸至右前臂左下方。（图 2.12）

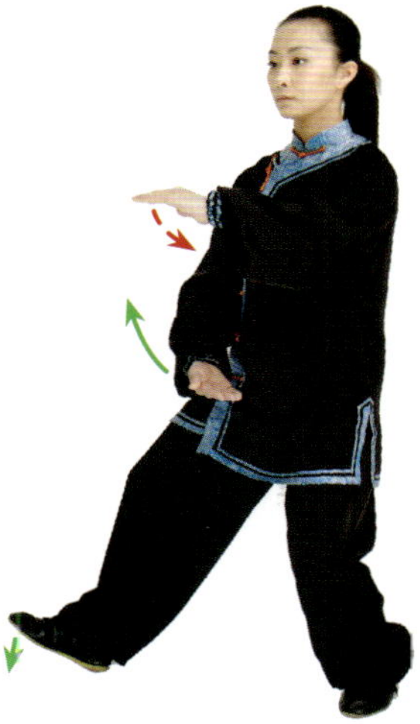

图 2.9

图 2.10

图 2.11

图 2.12

8. 重心移向左腿并屈蹲，上体微左转，两掌向下后捋至腹前。（图 2.13）

9. 上体右转，右臂外旋，屈肘横于胸前，右掌掌心向内，指尖向左；左臂内旋，左掌掌心转向外，掌指附于右腕内侧。（图 2.14）

10.重心前移，成右弓步。两掌向前挤出，两臂撑圆。（图 2.15）

11.重心后移至左腿并屈蹲。上体微右转，右脚脚尖上翘；右臂外旋，右掌掌心向上，自前向右、向后屈肘画平弧至右肩前；左掌仍附于右腕内侧，随之画弧。（图2.16）

图 2.13

图 2.14

图 2.15

图 2.16

12.身体左转，右脚脚尖内扣。右前臂内旋，右掌向左画平弧，立掌于右肩前；左掌随之翻转向内。（图2.17）

13.上体微右转，重心移向右腿并屈蹲；左脚收至右脚内侧，脚尖着地，成丁步。右掌向右前按出，腕高与肩平，掌心向外；左掌指仍随之附于右腕。（图2.18、图2.19）

【要点】

1.该式分动较多，图2.1～图2.13的动作要连贯，一气呵成。

2.以腰为轴带动四肢运动比较突出，轻微转腰、转体次数多，因此要特别注意敛臀、尾闾中正、虚领顶劲的要求。

3.转体移动重心时，不要左右突胯摆臀。

图 2.17

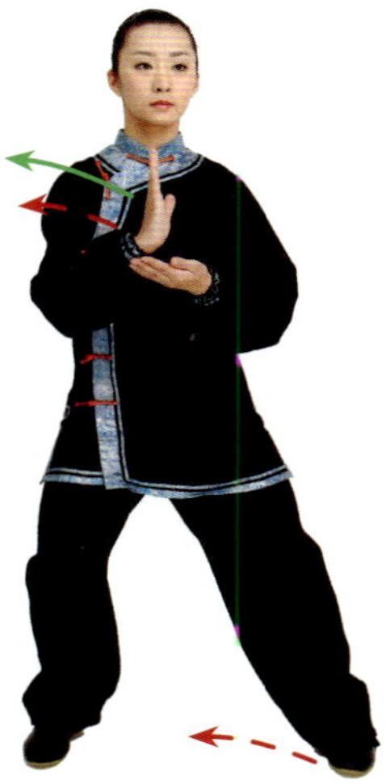

图 2.18

图 2.19

# 第三式　左单鞭

【练法】

1.身体左转，左脚向左上步，脚跟着地。右掌变勾；左掌向左画弧于面前，掌指斜向上。（图3.1）

2.上体继续左转，重心移向左腿，成左弓步。左前臂内旋，左掌翻转向前推出，掌心向前，腕与肩同高。（图3.2）

【要点】

1.右掌变勾与转体上步要协同一致。

2.左手向外翻掌前推时，要随转体边翻边推出，不要翻掌太快或最后突然翻掌。

3.单鞭定式，要保持上体中正，松腰，右肘微屈稍下垂，左肘与左膝上下相对，两肩下沉。

图 3.1

图 3.2

# 第四式　左琵琶式

【练法】

1. 重心前移至左腿，右腿跟进半步至左脚右后侧，前脚掌着地。上体微左转，左掌向下、向后画弧至左胯旁，掌心向下；右勾变掌，随转体向前、向左摆至体前，掌心斜向上。（图 4.1、图 4.2）

2. 重心后移至右腿，右脚踏实；左脚稍向前迈步，脚跟着地，左膝微屈，成左虚步。上体微右转，左掌由左弧形向前挑举至体前，掌指斜向前上方，指尖与鼻同高，掌心向右，左臂微屈；右掌回收至左肘内下方，掌心向左，掌指稍向前上方，右臂微屈。（图 4.3 ~ 图 4.6）

图 4. 1

图 4. 2

图 4. 3

图 4. 4

【要点】

1.此式练习过程中，跟步和向前迈步时，身体要平稳，不要有起伏现象。

2.定式时，要敛臀坐胯，上体中正，不要前俯或后仰；两臂用意内合，不要用拙力；两腋要虚空，不要挟肘；肘和膝相对，指尖、脚尖、鼻尖相对。

图 4.5

图 4.6

# 第五式　进步搬拦捶

【练法】

1. 左脚向前上步，脚尖稍外摆。上体微左转，重心前移；随之右掌外旋，向上、向前伸出，掌心向上；左掌内旋向下，向右搂按，掌心向下。（图5.1～图5.3）

2. 右脚向前上步，脚尖稍外摆。上体微右转，重心前移；随之左掌外旋，向前伸出，掌心翻向上；右手内旋，向左回搂，掌心翻向下。（图5.4～图5.7）

图 5.1

图 5.2

图 5.3

图 5.4

图 5.5

图 5.6

3.左脚向前上步，脚跟着地。上体微右转；左掌内旋，掌心翻向下，横按于体前，随即屈臂握拳，与胸同高；右掌变拳，收于腰间，拳心向上。（图5.8～图5.10）

图 5.7

图 5.8

4.左脚踏实，重心移向左腿并屈蹲；右脚跟步至左脚右后旁，前脚掌着地。上体微左转；右拳经左腕上向前打出，拳眼向上；左拳回搂至右前臂下。（图5.11、图5.12）

【要点】

1.此式动作要连贯，一气呵成。

2.向前连续上步要平稳，身体不可起伏；连续上步与连续出手上下要协调一致；注意力要集中在向前出的手上。

图 5.9

图 5.10

图 5.11

图 5.12

# 第六式　如封似闭

【练法】

1. 重心后移至右腿并屈蹲，右脚踏实。两拳变掌，手腕交叉，左掌在下，随即两掌分开，两掌掌心均向上，与肩同宽。（图6.1～图6.3）

2. 左脚提起向前迈步，脚跟着地。两掌收于胸前，与肩同宽，掌心相对；随即两前臂内旋，两掌掌心翻转向下，按落于腹前。（图6.4、图6.5）

图6.1

图6.2

图6.3

图6.4

3.重心移向左腿，屈膝成左弓步。两掌向上、向前按出，掌心向前，腕高与肩平。（图6.6）

【要点】

1.向前迈步收掌下按时，要敛臀坐胯，上体保持正直，不要俯身突臀。

2.弓步向前按掌过程中，重心要平移，身体不可起伏。



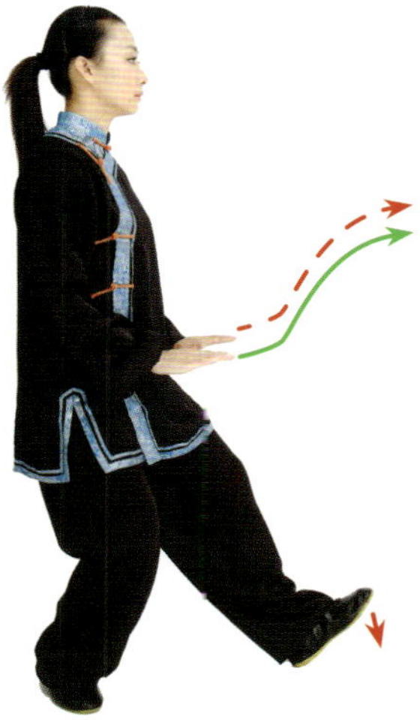

图 6.5

图 6.6

# 第七式　搂膝拗步

【练法】

1.重心稍后移，右腿屈膝；左脚脚尖上翘稍外摆，身体稍左转。随之右掌画弧左摆；左掌画弧至左胯旁，掌心向下。（图7.1）

2.左脚踏实，重心移至左腿并屈蹲；右脚收至左脚内侧。上体右转；随之左掌向左、向上画弧，举至身体左前方，腕高与肩平，掌心斜向上；右掌摆至左肋前，掌心斜向下。（图7.2～图7.5）

图 7.1

图 7.2

图 7.3

图 7.4

3.上体右转，右脚向右前上步，脚跟着地。左臂屈肘，左掌收至耳旁，掌心斜向前；右掌向右、向下画弧搂至腹前，掌心向下，指尖向左。（图7.6）

4.重心移向右腿，成右弓步。左掌向前边推边坐腕立掌，指尖与鼻尖同高；右掌由右膝前上搂过，按于右胯旁，掌心向下。（图7.7）

此为右搂膝拗步定式。

5.重心后移至左腿并屈膝，右脚脚尖上翘稍外摆，身体微右转。随之左掌画弧右摆；右掌稍前展，掌心向左。（图7.8）

6.上体继续右转；随之右掌画弧举至身体右前方，腕高与肩平，掌心斜向上；左掌向上、向右、向下画弧至右肋前，掌心斜向下。左脚收至右脚内侧。（图7.9、图7.10）

图 7.5

图 7.6

图 7.7

图 7.8

7.上体左转，左脚向左前上步，脚跟着地。右臂屈肘，右掌收至耳侧，掌心斜向前；左掌向下、向左画弧搂至腹前。（图7.11）

8.重心前移至左腿，成左弓步。右掌向前边推边立掌，指尖与鼻尖同高；左掌由左膝前上搂过，按于左胯旁，掌心向下。（图7.12）

此为左搂膝拗步定式。

图 7.9

图 7.10

【要点】

1.向前推掌时，身体不可前俯后仰，要松腰沉胯；重心向前平移时，身体不可起伏。

2.定式时，要沉肩垂肘、坐腕舒掌，与松腰沉胯、弓腿上下协调一致。

3.搂膝拗步成弓步时，两脚脚跟的横向距离约同肩宽；收脚举掌时，支撑腿力小者，收脚之前脚掌可轻轻着地，否则不可着地。

图 7.11

图 7.12

# 第八式　右单鞭

【练法】

1. 重心移向右腿，右腿屈蹲，右脚外摆；左脚内扣，身体右转。右掌掌心向外，经面前向右弧形运转至右侧，腕与肩同高；左掌经腹前弧形运转至右肋前，掌心向后上方。（图 8.1、图 8.2）

2. 重心再移向左腿，左腿屈蹲，上体微左转；左掌向上画弧于颏前，掌心向里；右掌向下弧形落于肋旁。接着，右脚收至左脚内侧，右脚脚尖点地，上体继续左转；随之左掌经面前内旋弧形运转至左侧，掌心翻向外，腕与肩同高，指尖向上；右掌向左经腹前弧形运转至左肋前，掌心向后上方。（图 8.3 ～图 8.5）

图 8.1

图 8.2

图 8.3

图 8.4

3.上体微右转，随之右脚向右上步，脚跟着地；随转体左掌变勾，右掌向上弧形运转至颏前。接着，上体微右转，重心移向右腿，右脚踏实，成右弓步；右掌内旋，掌心翻向外，慢慢向前推出，掌心向前，指尖与鼻尖平齐，右臂微屈；左臂微屈，勾尖向下，腕同肩平。（图8.6～图8.8）

【要点】

与“左单鞭”相同。

图 8.5

图 8.6

图 8.7

图 8.8

# 第九式　右云手

【练法】

1.重心移向左腿并屈蹲，右脚内扣。上体左转，右掌随转体向下、向左，经腹前向上画弧至左肋前，掌心向上。（图9.1）

2.重心移向右腿并屈蹲，上体右转，左脚收至右脚内侧（相距约10厘米），两脚踏实，重心偏右腿。左勾变掌向下、向左经腹前弧形运转至右肋前，掌心向斜后上方；右掌向上，经肩、面前内旋运转至右侧，掌心翻转向外再向下画弧，掌心向下。（图9.2～图9.5）

此为第一次向右云手定式。

图 9.1

图 9.2

图 9.3

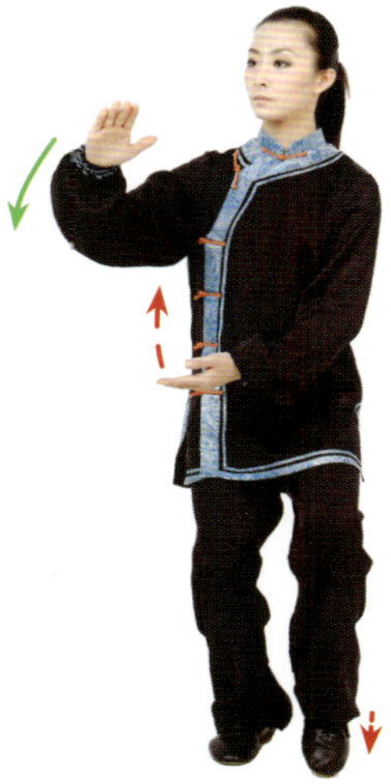

图 9.4

3.重心移向左腿，右脚向右开步。上体左转，随转体左掌向上经肩、面前内旋运转至左侧，掌心向外翻转旋落，指尖向后上方，腕与肩同高；右掌经腹前弧形运转至左肋前，掌心向后上方。（图 9.6、图 9.7）

4.同动作2。（图 9.8～图9.11）

此为第二次向右云手定式。

按第3、4分动的做法，再重复一次，为第三次向右云手定式。（图文略）

图 9.5

图 9.6

图 9.7

图 9.8

【要点】

1.向右云手要连续做三次，整个动作要均匀、平稳、连贯。

2.转体以腰为轴，上体保持正直；两脚要平行向右移动。开步和并步时，脚要轻提轻落，前脚掌内侧先着地。

3.两掌云手时，向上掌指高不过鼻，向下掌指低不过小腹，翻掌不可突然。

图 9.9

图 9.10

图 9.11

# 第十式　野马分鬃

【练法】

1. 重心移向左腿，右脚提起。上体微左转；左前臂内旋上掤，左掌翻转，掌心向下，与左胸同高；右掌边外旋边向下、向左画弧至左腹前，掌心翻转向上，与左掌掌心相对；两掌呈“抱球”状。（图10.1、图10.2）

图 10.1

图 10.2

2.右腿向右前方上步，脚跟先着地，接着重心前移，成右弓步。上体右转，两掌随转体分别慢慢向左下、右上分开。右腕高与肩平，掌心斜向上，肘微屈；左掌落于胯旁，肘微屈，掌心向下，指尖向前。（图10.3、图10.4）

此为右野马分鬃定式。

图 10.3

图 10.4

3.上体慢慢后坐，身体重心移至左腿并屈膝，右脚脚尖上翘、外摆约45度；随后右脚脚掌慢慢踏实，右腿前弓，身体右转，重心再移向右腿，左脚随之收至右脚内侧，脚尖点地。右掌内旋，掌心翻向下，屈肘于右胸前；左掌向右、向上画弧至右腹前，与右掌掌心相对；两掌呈“抱球”状。（图10.5～图10.7）

图 10.5

图 10.6

图 10.7

4.左腿向左前方上步，脚跟先着地，接着重心前移，成左弓步。上体左转，两掌随转体分别慢慢向左上、右下分开。左腕高与肩平，掌心斜向上，肘微屈；右掌落于右胯旁，肘微屈，掌心向下，指尖向前。（图10.8、图10.9）

此为左野马分鬃定式。

【要点】

1.练习过程中，上体不可前俯后仰，胸部必须宽松舒展；两臂分开时，要保持弧形。

2.身体转动时要以腰为轴，弓步动作与分手的速度要均匀一致，弓步两脚脚跟横向距离约同肩宽。

图 10.8

图 10.9

# 第十一式　海底针

【练法】

1. 身体重心全部移至左腿，右脚跟进半步至左脚右后侧，右脚踏实着地。上体微左转；左掌内旋，掌心翻转向下并稍下落；右掌上提至右腰前，掌心向里，指尖斜向下。（图11.1、图11.2）

2. 身体重心后移至右腿，右脚踏实，左脚提起。上体微右转；右掌弧形提至耳侧；左掌向右、向下画弧横至腹前。（图11.3）

3. 左脚向前稍移步，前脚掌着地，成左虚步；重心下沉于右腿，尽力屈膝坐胯。上体微左转；左掌向下弧形往左膝前上方搂至左胯旁，掌心向下，指尖向前；右掌由耳侧斜向前下方插出，掌心向左，指尖斜向下。（图11.4）

【要点】

1. 动作过程有向左、向右、再向左三次微转身。

2. 完成姿势，胸向正西，上体不可太前倾，避免低头和臀部外凸，左腿要屈。

图 11.1

图 11.2

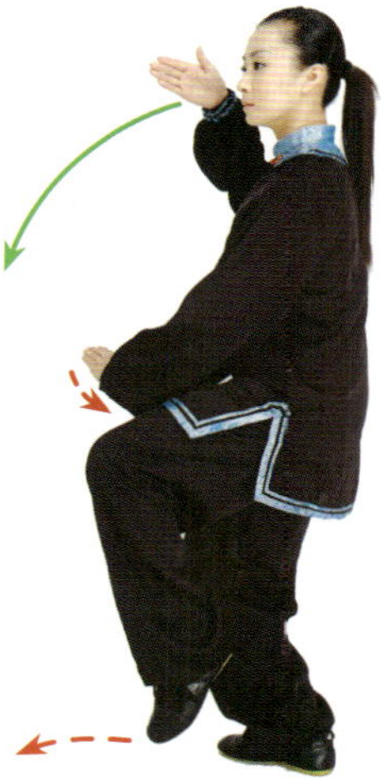

图 11.3

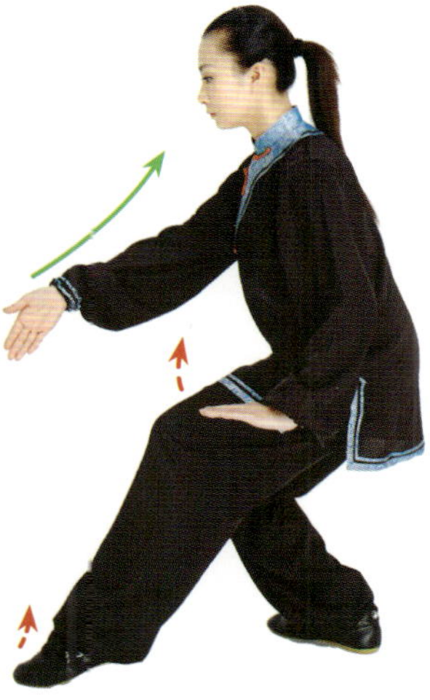

图 11.4

# 第十二式　闪通臂

【练法】

上体微右转，左脚提起向前上步，脚跟着地，而后左腿屈膝前弓，成左弓步。右掌由体前上提，屈臂上举，停于右额前上方，掌心斜翻向上，拇指向下；左掌上提，经胸前向前推出，与肩同高，掌心向前。（图12.1～图12.3）

【要点】

1.完成姿势，上体自然正直，松腰、松胯，两臂微屈，胸部、背部舒展。

2.推掌、举掌和弓腿动作要协调一致。

3.弓步时，两脚脚跟横向距离不超过10厘米。

图 12.1

图 12.2

图 12.3

# 第十三式　右揽雀尾

【练法】

1. 上体后坐并向左转，重心移向右腿，左脚脚尖外摆；两掌举于胸前，掌心均向下。接着，左脚踏实，重心移至左腿并屈蹲，右脚收至左脚内侧；两臂微屈，两掌左上、右下在左体前相合，呈“抱球”状。（图 13.1 ~ 图 13.4）

图 13.1

图 13.2

图 13.3

图 13.4

图 13.5

图 13.6

2.右脚向右前上步，脚跟着地，随即全脚踏实，屈膝前弓，成右弓步。右前臂向前上方掤出，高与肩平，掌心向里；左掌向左下落，按于左胯旁，掌心向下，指尖向前。（图13.5、图13.6）

图 13.7

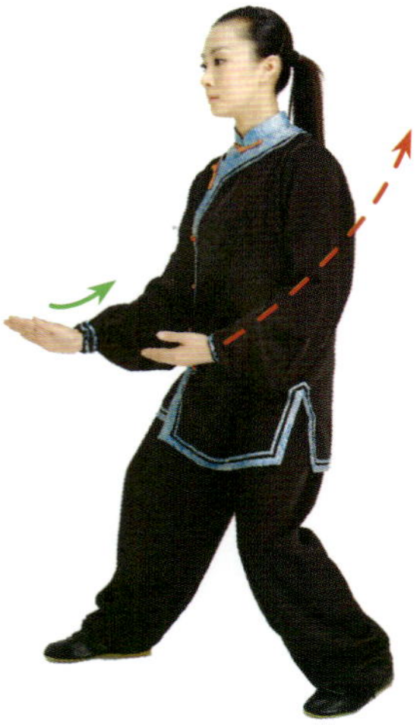

图 13.8

3.上体微右转；右掌向前伸并翻掌，掌心向前下；左掌外旋，掌心转向上，经腹前向上、向前伸至右前臂左下方。（图13.7）

4.上体后坐，重心移至左腿并屈蹲。上体左转，两掌随转体下捋，经腹前弧形向左后捋。左掌举至身体左前方，腕高与肩平，掌心斜向上；右掌举至左胸前，掌心向后上方。（图13.8、图13.9）

5.上体右转，重心前移，成右弓步。左臂屈肘，左掌向前搭附于右腕内侧；两掌慢慢向前挤出，高与肩平，右掌掌心向里，左掌掌心向外，两臂撑圆。（图13.10、图13.11）

图 13.9

图 13.10

图 13.11

6.左掌经右腕上方伸出，两掌分开向前平展（两掌相距同肩宽），掌心向下。随即上体后坐，重心移向左腿并屈蹲，右脚脚尖翘起；两臂屈肘，两掌收至胸前，掌心向前下方。（图13.12～图13.14）

图 13. 12

图 13. 13

图 13. 14

7.重心前移，成右弓步。两掌下落，经腹前向前、向上按出，两臂微屈，两腕同肩平。（图13.15、图13.16）

【要点】

1.此“揽雀尾”动作由掤、捋、挤、按四种技法组成。

2.此式第2动为“掤”，两臂前后均要保持弧形；分手、弓步、沉胯、松腰必须协调一致。

3.此式第3、4动为“捋”，上体要保持中正，不可前倾、后仰或突臀；两臂动作要随腰的转动而运转，右脚全脚掌要着地。

4.此式第5动为“挤”，向前挤时，上体要中正，松腰、敛臀，与弓步协调一致。

5.此式第6、7动为“按”，此过程中身体有后坐前弓的动作，容易出现前俯、后仰、撅臀、起伏的现象，所以更要注意敛臀、松腰、沉胯，上体要中正。



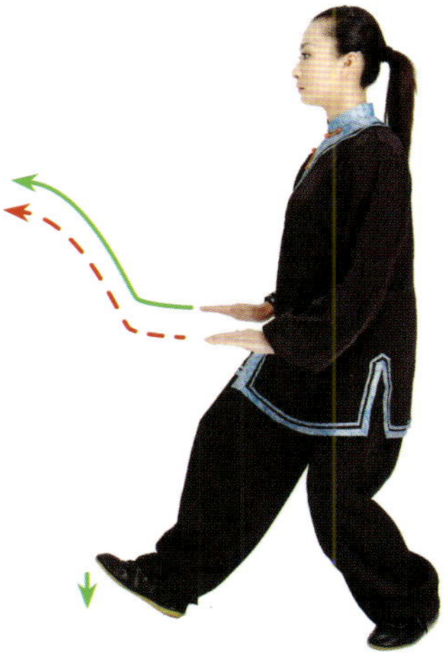

图 13.15

图 13.16

# 第十四式　转身撇身捶

【练法】

1. 重心移向左腿并屈蹲，身体左转，右脚内扣，左脚稍外摆。两掌向左、向下画弧，两肘微屈，左掌摆至身体左侧。（图14.1、图14.2）

2. 重心移至右腿并屈蹲，左脚收至右脚内侧。左手握拳，向下、向右画弧落于腹前，拳心向里，拳眼向右；右掌向左、向下经体前画弧落于左前臂上。（图14.3～图14.5）

图 14. 1

图 14. 2

图 14. 3

图 14. 4

3.左脚向左前方上步，脚跟先着地，逐渐全脚掌着地；上体左转，重心移向左腿，成左弓步。左拳翻转向上撇打，拳心斜向上；右掌指附于左前臂上。（图14.6、图14.7）

【要点】

1.撇捶以肩关节为轴，臂微屈，画大弧撇拳打出。

2.上成弓步与转腰撇捶要协调一致。

图 14.5

图 14.6

图 14.7

# 第十五式　捋挤式

【练法】

1.重心稍后移，左脚稍内扣，上体微右转。左拳变掌；右掌向右画一小平弧，随即收于左前臂内侧。(图15.1)

2.重心前移，成左弓步。上体继续右转，右掌经左掌上方由左向右前方画弧平抹，掌心斜向下；左掌落于右肘内侧下方，掌心斜向上。(图15.2、图15.3)

3.两掌向下、向后捋，左掌捋至左胯前，右掌捋至腹前；右脚收至左脚内侧。(图15.4、图15.5)

图 15.1

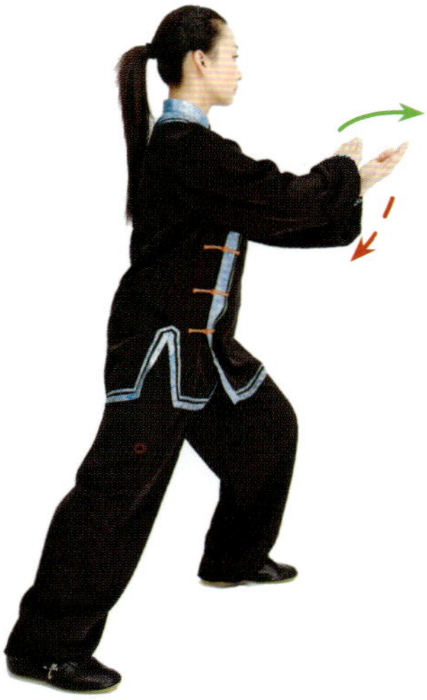

图 15.2

图 15.3

图 15.4

4.右脚向右前方上步，脚跟着地。左前臂内旋，右前臂外旋，两掌翻转，屈臂上掤至胸前，右掌掌心向里，左掌附于右腕内侧，掌心向前。（图15.6、图15.7）

5.重心前移，成右弓步；两臂向前挤出，两臂撑圆，高与肩平。（图15.8）

此为右捋挤式定式。

图 15.5

图 15.6

图 15.7

图 15.8

6.重心后移，右脚稍内扣。上体左转，右掌翻转并向前；左掌向左画一小平弧，随即收于右前臂内侧。（图15.9、图15.10）

7.重心前移，成右弓步。上体继续左转，左掌经右掌上方由右向左前方画弧平抹，掌心斜向下；右掌落于左肘内侧下方，掌心斜向上。（图15.11）

8.两掌向下、向后捋，右掌捋至右胯旁，左掌捋至腹前；左脚收至右脚内侧。（图15.12）

图 15.9

图 15.10

图 15.11

图 15.12

9.左脚向左前方上步，脚跟着地。右前臂内旋，左前臂外旋，两掌翻转，屈臂上捧于胸前，左掌掌心向里，右掌指附于左腕内侧。（图15.13、图15.14）

10.重心前移，成左弓步；两臂向前挤出，两臂撑圆，高与肩平。（图15.15）

此为左捋挤式定式。

【要点】

1.该动作由抹、捋、挤三种手法组成。

2.此动作中的脚步、身法及前进后退、左视右视等动作都比较细微，因此在动作运转中既要连贯圆活、上下协调，又要手法清晰。如“抹掌”是手画一大斜弧，之前需在胸前先画一小平弧，这样大中小、小而大的手法体现了动作的细微，需要意念集中，身法协调配合。

图 15.13

图 15.14

图 15.15

# 第十六式　右拍脚

【练法】

1.上体后坐，左脚脚尖上翘，稍内扣，接着重心移至左腿，左脚踏实，右脚脚跟抬起。上体先稍右转，再稍左转；右掌向右、向下画弧，左掌向左、向上画弧；两掌分别画弧至身体两侧。（图16.1～图16.3）

图 16. 1

图 16. 2

图 16. 3

2.重心前移，右腿屈膝提起，脚尖下垂；两掌继续向下、向上画弧，两手腕在胸前上下相搭，两掌掌心均向后上方；左腿蹬直。（图16.4、图16.5）

3.右腿由屈到伸，右脚脚面绷直，向右前上方踢至同头高；右掌拍击右脚脚面；左掌举至身体左前方，腕与肩平。（图16.6）

【要点】

1.踢腿要慢，击拍要准，单腿站立要稳。

2.上体保持正直，不要俯身或后仰。

图 16.4

图 16.5

图 16.6

# 第十七式　左分脚

【练法】

1.右腿屈膝下落至右前方，脚跟着地。右臂下落与肩平，右掌掌心翻向上；左掌向下，弧形收落至腹前，掌心向下。（图17.1、图17.2）

2.重心移向右腿，右脚踏实，成右弓步。上体微左转，左掌从右前臂上穿出，向左画弧抹掌至胸前；右掌向左、向下、向右画弧于右腹前。（图17.3、图17.4）

图 17.1

图 17.2

图 17.3

图 17.4

3.重心前移，左腿屈膝提起，脚尖下垂。上体微右转，右掌向右、向上画弧至侧平举，左掌向前下落。接着，上体微左转，右掌从上、左掌从下画弧至胸前，两腕相搭，右腕在里，左腕在外，掌心均向里。（图17.5～图17.7）

4.左脚脚面展平，脚尖向左前方慢慢踢出，高过腰部。右掌向右、左掌向左前方画弧分开，掌心均向外，指尖向上，腕与肩平；两臂撑举，肘关节微屈，左臂与左腿上下相对。（图17.8）

【要点】

1.单腿独立分脚时，身体要稳定，不可前俯后仰。

2.两掌分开时，腕部与肩齐平。

3.分掌和分脚必须协调一致。

图 17.5

图 17.6

图 17.7

图 17.8

# 第十八式　右蹬脚

【练法】

1.左腿屈膝，左脚下落于右脚内侧踏实；身体左转，重心移至左腿；右脚脚跟提起。两掌变拳，向下弧形合于腹前，两腕相搭，左上右下，拳心均向上。（图18.1～图18.4）

图 18.1

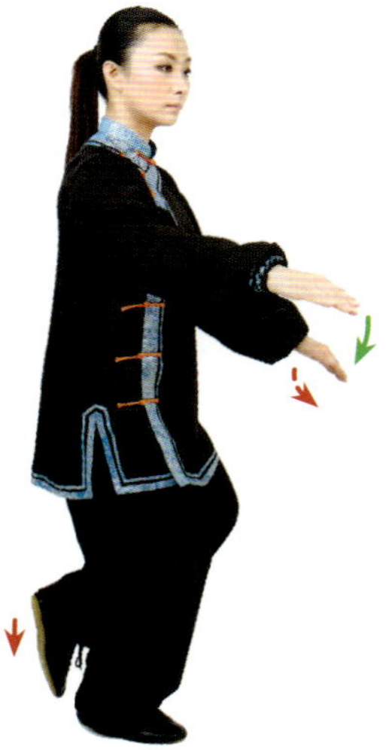

图 18.2

图 18.3

图 18.4

2.右腿屈膝提起，脚尖上勾向前发力蹬出，力达脚跟；两拳向前、向上、向侧迅速展臂弹抖，力达拳背。（图18.5、图18.6）

【要点】

1.发力蹬腿和两拳弹抖要协调一致。

2.蹬腿、弹拳发力后要随即将劲松开，即“松弹劲”，不可僵硬。

图 18.5

图 18.6

# 第十九式　进步栽捶

【练法】

1.右腿借反弹力迅速屈膝，右脚前落，脚跟着地，脚尖稍外摆。接着，上体右转，重心移至右腿并屈膝；两拳变掌，右掌旋臂向下、向右画弧；左掌向右画弧，腕与肩同高，掌心斜向下。（图19.1～图19.3）

2.重心移至右腿，左脚收至右脚后侧（脚尖不可点地）。上体左转，左脚向左上步，脚跟着地；右臂向右经下向上画弧屈肘，右掌变拳收于耳侧，拳心斜向下；左掌向右经面前向下画弧至右肋前，继而落至腹前，掌心向下，指尖向右。（图19.4、图19.5）

图 19.1

图 19.2

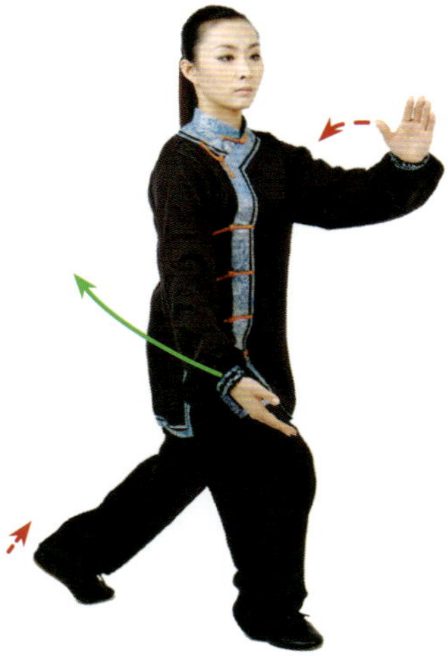

图 19.3

图 19.4

3.重心移向左腿，成左弓步。上体左转，左掌经左膝前上方搂至左膝外侧上方，掌心向下，指尖向前；右拳向前下方栽出，拳同腹高，力达拳背。（图19.6）

【要点】

1.栽捶与弓步要同时完成。

2.定式时，上体不可前倾，不要低头，要松腰沉胯。



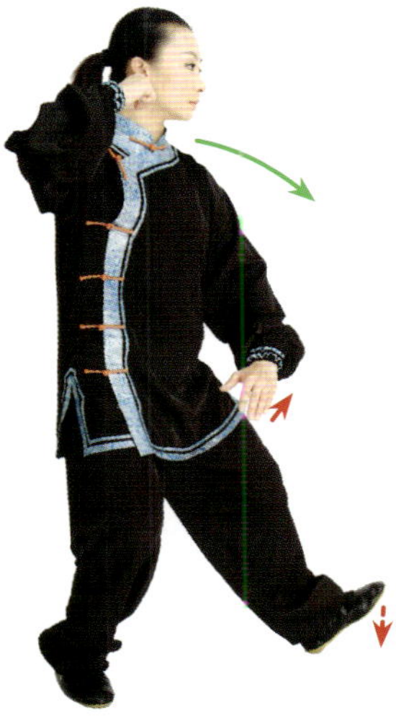

图 19.5

图 19.6

# 第二十式　右左穿梭

【练法】

1.重心后移至右腿并屈膝，左脚脚尖翘起稍外摆。上体微左转，右拳变掌，微上举，掌与肩平；左掌稍外展。（图20.1）

图 20.1

图 20.2

2.重心移至左腿，左脚踏实，右脚提起。上体微右转，左掌向上、向右画弧至左胸前，右掌向下、向左画弧至左腹前，掌心翻转，与左掌斜相对，两掌相合。（图20.2）

3.重心前移，右脚收至左脚内侧，向右前上步，脚跟先着地，随之重心前移，成右弓步。上体右转，右掌画弧向上架于右额上方，掌心斜向上；左掌下落，经腹前向前立掌推

图 20.3

图 20.4

出，掌心向前，指尖同鼻尖高。（图20.3～图20.5）

此为右穿梭定式。

4.上体后坐，重心移向左腿并屈膝，右脚脚尖上翘稍内扣。随即重心移至右腿并屈蹲，右脚踏实，左脚提起；上体微左转，两掌下落，左掌向下画弧，掌心向上，右掌掌心向下，两掌相合。（图20.6、图20.7）

图 20.5

图 20.6

图 20.7

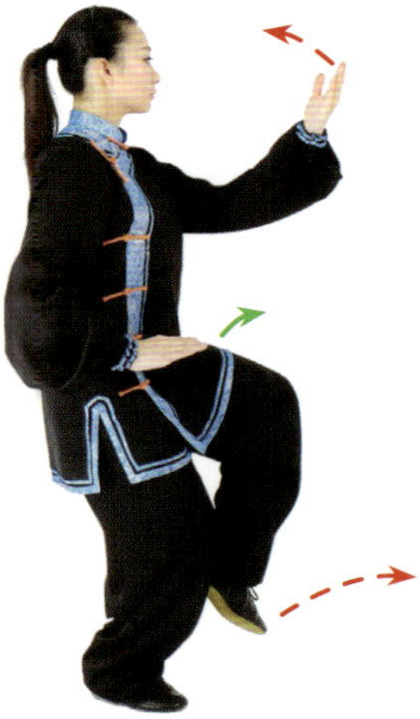

图 20.8

5.重心前移，左脚收至右脚内侧，向左前上步，脚跟先着地，随之重心前移，成左弓步。上体左转，左掌画弧向上架于左额上方，掌心斜向上；右掌下落，经腹前向前立掌推出，掌心向前，指尖同鼻尖高。（图20.8 ~ 图20.10）

此为左穿梭定式。

【要点】

1.上体保持自然中正。

2.掌上架时，不要耸肩抬肘。推掌动作要与松腰、沉胯、弓腿协调一致。

图 20.9

图 20.10

# 第二十一式　肘底捶

【练法】

1.上体后坐，重心移至右腿并屈蹲，左脚脚尖上翘稍内扣。上体微右转，左掌下落与肩平，掌心翻向上；右掌弧形收至右胸前，掌心向下。（图21.1）

2.左脚向后撤步，重心慢慢移至左腿并屈蹲。右掌旋臂弧形收回至腰间，掌心向里；左掌旋臂下落，掌心向里。（图21.2、图21.3）

图 21.1

图 21.2

图 21.3

3.右脚提收再向前迈步，脚跟着地，右腿微屈。右掌掌心翻转向上，再立掌向前上劈出至面前，掌心向左，指尖斜向上，同鼻高，右臂微屈；左掌变拳，经右前臂下弧形收落至右肘下，拳眼斜向上。（图21.4～图21.6）

【要点】

1.左脚后撤，重心移至左腿；成肘底捶定式时，右脚可以向前或向后移动来调整步法。

2.要敛臂、松腰、沉胯，保持身体中正。

图 21.4

图 21.5

图 21.6

# 第二十二式　倒卷肱

【练法】

1.上体微左转，随转体左拳变掌，掌心翻向上，经腹前由下向左上方弧形上举于体左侧，臂微屈，掌心斜向上，腕与肩平；右掌掌心翻向上，微前伸举，腕与肩平，掌心斜向上。（图22.1）

图 22.1

图 22.2

2.上体微右转，重心移至左腿，右腿屈膝，右脚提起；左臂屈肘，左掌收至左耳旁。接着，右脚向后撤步，重心移向右腿并屈蹲；左脚以前脚掌为轴碾正，成左虚步；左掌向前推出，掌心斜向前，指尖斜向上，腕与肩平；右掌向下弧形收于右腰前，掌心向上。（图22.2～图22.5）

图 22.3

图 22.4

此为左倒卷肱定式。

3. 上体微右转，右掌随转体向右、向上弧形平举，腕与肩平，掌心斜向上，再屈肘收于右耳旁；左掌微向左前伸举，腕与左肩平。（图 22.6、图 22.7）

4. 左腿屈膝提起，左脚后撤步，重心移至左腿并屈蹲；右脚以前脚掌为轴碾正，成右虚步。身体左转，右掌经右耳侧向前推出，掌心斜向前，腕与肩平；左掌弧形收于左腹前。（图 22.8、图 22.9）

此为右倒卷肱定式。

图 22.5

图 22.6

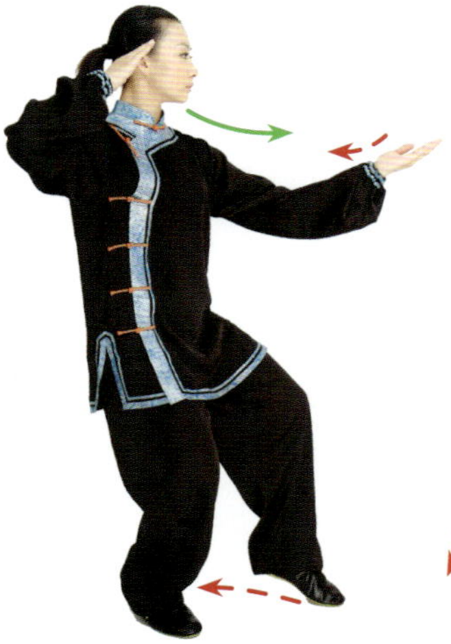

图 22.7

图 22.8

5. 上体继续微左转，左掌随转体向左、向上弧形平举，腕与肩平，掌心斜向上，再屈肘收于左耳旁；右掌微向右前伸举，腕与肩平。（图 22.10 ~ 图 22.12）

图 22.9

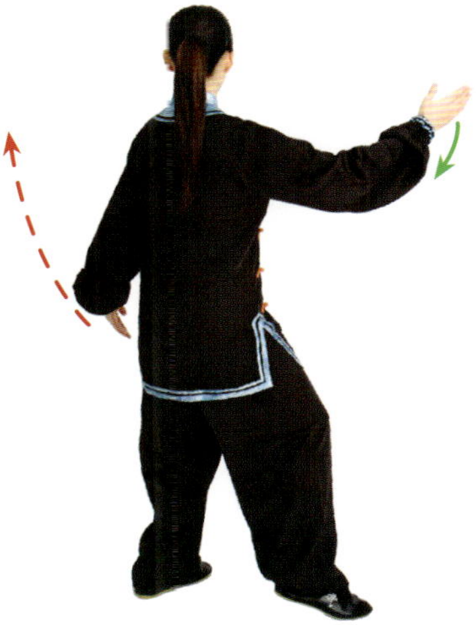

图 22.10

图 22.11

图 22.12

6.右脚提起，接着右脚向后撤步，重心移向右腿并屈蹲；左脚以前脚掌为轴碾正，成左虚步。左掌经左耳侧向前推出，掌心斜向前，指尖斜向上，腕与肩平；右掌向下弧形收于右腰前，掌心向上。（图22.13～图22.15）

此为左倒卷肱定式。

【要点】

1.整式动作要连贯。

2.撤步与推掌要协调一致，转体与举掌要协调一致。

图 22.13

图 22.14

图 22.15

# 第二十三式　右下式

【练法】

1. 上体右转，左脚脚尖内扣。随转体左掌弧形向下、向右落至腹前；右掌内旋，合于右肩前。（图 23.1 ~ 图 23.3）

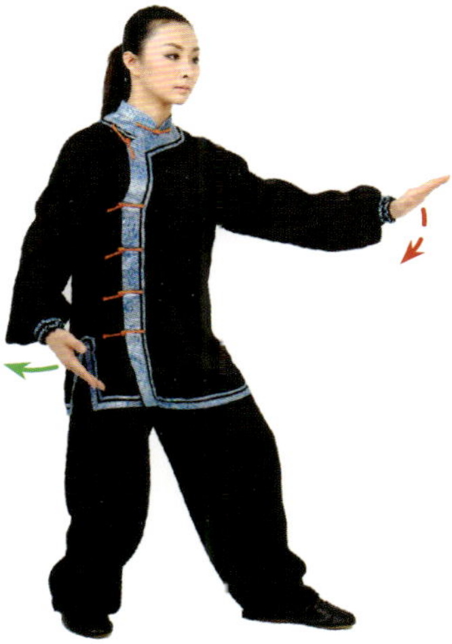

图 23.1

图 23.2

图 23.3

2.重心移向左腿并屈膝，右脚收至左脚内侧。两掌掤举于胸前，两腕相搭，右腕在上，左腕在下，两掌掌心均翻向下。（图23.4）

3.左腿屈膝全蹲，右脚提起向右仆步。两掌向上、向体侧、向下分落，两臂微屈，两掌掌心朝下。右掌指尖向右，右腕同腰高；左掌指尖向左上方，左腕同肩高。（图23.5、图23.6）

【要点】

1.两掌臂下落有雄鹰落地展翅之意。

2.仆步时，上体不可过分前倾，要立腰、沉胯。

3.右前臂落于右腿内侧上方。

图 23.4

图 23.5

图 23.6

# 第二十四式　金鸡独立

【练法】

1.左脚蹬地，上体立起；右腿屈膝前弓，重心移向右腿；右掌向前上举。（图24.1～图24.4）

图 24.1

图 24.2

图 24.3

图 24.4

2.随即右腿踏实独立，左腿屈膝提起。左掌随提膝向下、向前撩掌内旋托于左肩前上方，掌心斜向上，指尖斜向后；右掌向下、向后弧形收至右胯旁，掌心向下，指尖向前。（图24.5～图24.7）

【要点】

1.独立提膝时，托掌与提膝要肘膝相对，虚领顶劲，立腰，身体中正。

2.左掌上托，右掌下按，两掌劲要上下对称，保持重心稳定。

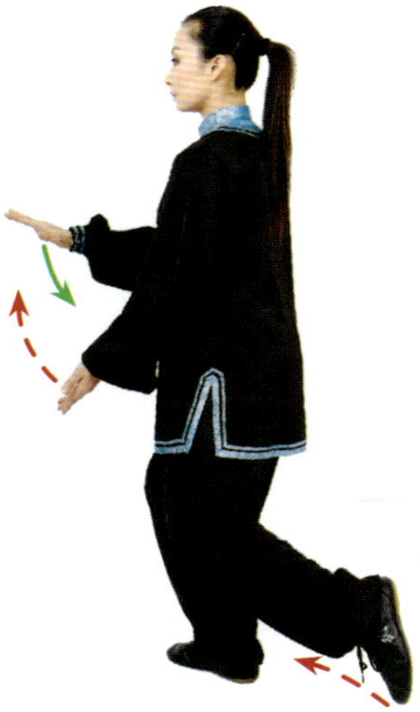

图 24.5

图 24.6

图 24.7

# 第二十五式　左下式

【练法】

1.左脚下落至右脚内侧，脚尖点地；右脚脚尖外摆，两腿微屈，重心在右腿；两手腕在胸前相搭，左腕在上，右腕在下，两掌掌心均向下。（图25.1）

2.右腿屈膝全蹲，左腿向左仆步。两掌向上、向体侧、向下分落，两掌掌心向下。左掌指尖向左，左腕同腰高；右掌指尖向右前方，右腕同肩高。（图25.2～图25.4）

【要点】

同“右下式”。

图 25.1

图 25.2

图 25.3

图 25.4

# 第二十六式　上步七星

【练法】

1.右腿蹬起，身体稍立起，重心移至左腿。左掌向前上举，腕同肩高；右掌弧形下落于右胯后侧。（图26.1、图26.2）

图 26.1

图 26.2

2.身体立起，重心移至左腿，上体左转；右脚向前上步，脚尖点地，成右虚步。左掌变拳，外旋屈肘于胸前（拳心向里）；右掌变拳，向下、向前、向上画弧举至胸前，在左拳下相搭，两拳拳背相贴，右拳拳心斜向下。（图26.3～图26.5）

【要点】

1.两拳在胸前相搭，也可以两腕相交错。

2.两臂要撑圆，有含胸拔背之意。

图 26.3

图 26.4

图 26.5

# 第二十七式　退步跨虎

【练法】

1.右脚向后撤一步，重心移至右腿并屈蹲；上体微右转，两拳变掌，向下分落。左掌至左胸前，掌心斜向下；右掌至右腹前，掌心向下。（图27.1、图27.2）

2.上体后坐并微左转，左脚活步，脚尖点地；右掌向右上、左掌向左下弧形分开。右掌举于头右上方，掌心向外，指尖向左上方；左掌逐渐翻向下，按于左胯侧，指尖向前。目先视右掌再视前方。（图27.3～图27.5）

【要点】

1.完成动作后，两肩要平，不可耸肩，胸部要宽松，两掌臂要用意撑。

2.虚领顶劲，敛臀坐胯，上体保持中正。

图 27.1

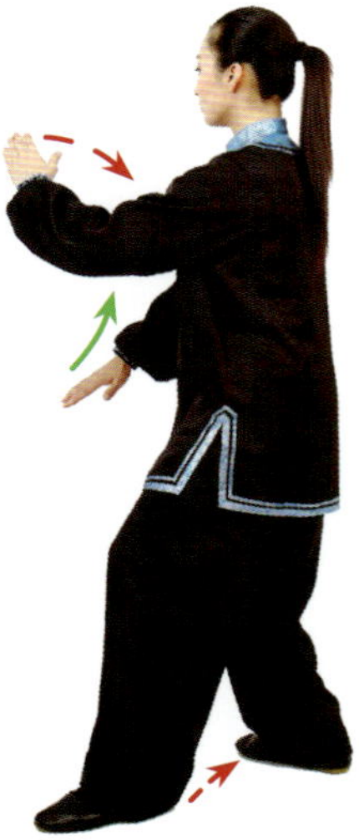

图 27.2

图 27.3

图 27.4

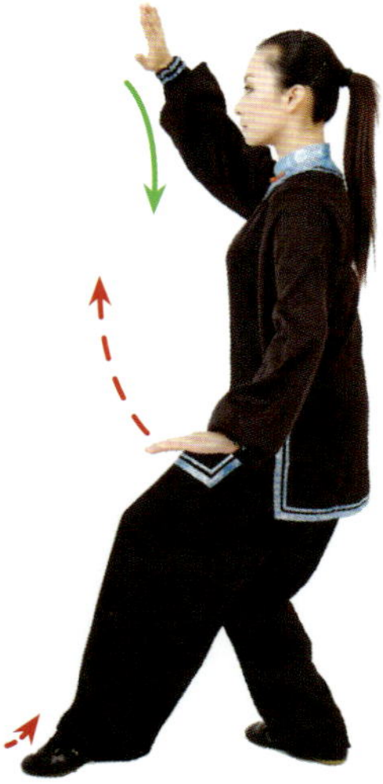

图 27.5

# 第二十八式　转身摆莲

【练法】

1. 上体右转，左脚提起向前落脚扣步。左掌向上、向右画弧于胸前，右掌向下、向左画弧于腹前，两掌臂在体前上下相合，掌心均向下。（图28.1～图28.3）

2. 以两脚前脚掌为轴，身体继续右转，重心移至左腿并微屈；右脚脚尖着地，成右高虚步；右掌从左前臂下穿过，两掌均弧形摆举至身体右前方。右掌与肩同高，指尖斜向上，掌心斜向下；左掌至右肘前，掌指指尖向右前上方，掌心斜向下。（图28.4～图28.6）

图28.1

图28.2

图28.3

图28.4

3. 右腿向左、向上、向前、向右弧形摆起至体前，右脚脚面展平稍内扣；左掌、右掌依次向左在面前拍击右脚脚面；目视拍脚方向。（图28.7、图28.8）

【要点】

转身摆腿时，支撑脚要站稳，缓起轻拍，上体保持正直。

图 28.5

图 28.6

图 28.7

图 28.8

# 第二十九式　弯弓射虎

【练法】

1.左腿微屈站稳，上体右转，右腿屈膝下落，右脚向右前以脚跟着地，重心移向右腿并屈弓，成右弓步。两掌变拳，随转体向下、向右弧形举至身体右侧。右拳举于肩侧，拳心向外，高与耳平；左拳举于右肋前，拳心向下。（图 29.1 ~ 图 29.3）

2.上体左转，左拳向上、向左、向前打出至与肩平，拳眼斜向上；右拳上架于右额前，拳心向外。（图 29.4）

【要点】

架打拳，两臂微内旋，有圆撑劲。

图 29.1

图 29.2

图 29.3

图 29.4

# 第三十式　左揽雀尾

【练法】

1. 重心后移至左腿并屈膝，右脚脚尖翘起稍外摆；上体右转，两拳变掌，左掌微向左前伸展；右掌掌心翻转向上，弧形落至右腰前。（图30.1）

2. 右脚踏实，重心移至右腿并屈蹲，左脚收至右脚内侧。右掌向右、向上画弧至右胸前，掌心翻转向下；左掌向下、向右画弧至右腹前；两掌掌心相对，呈“抱球”状。（图30.2、图30.3）

图 30.1

图 30.2

图 30.3

图 30.4

3. 左脚向右前上步，脚跟着地，随即全脚踏实，屈膝前弓，成左弓步。左前臂向左前上方掤出，高与肩平，掌心向里；右掌向右下落按于右胯旁，掌心向下，指尖向前。（图30.4 ~图30.6）

4.上体微左转，左掌稍向前伸，左掌掌心向上；右掌掌心向下，经腹前向上、向前画弧，伸至左前臂内侧下方。（图30.7）

5. 上体右转，重心后移至右腿并屈蹲。左掌翻转，掌心向下，右掌翻转，掌心向上，两掌下捋，经腹前向右后上方画弧。右掌高与肩

图 30.5

图 30.6

图 30.7

图 30.8

平，掌心斜向前；左掌屈臂摆至右胸前，掌心向内。（图30.8～图30.10）

6.上体左转，右掌屈臂卷收，掌指贴近左腕内侧；左臂平屈于胸前，掌心向内，指尖向右。（图30.11）

7.重心前移至左腿，成左弓步。两臂向前挤出，两臂撑圆；右掌指附于左腕内侧，高与肩平。（图30.12）

图 30.9

图 30.10

图 30.11

图 30.12

8.右掌经左掌上方伸出，左掌向左前伸出，两掌分开，与肩同宽，掌心均转向下。（图30.13）

9.上体后坐，重心移至右腿并屈蹲，左脚脚尖上翘；两臂屈肘，两掌收经胸前下落至腹前，掌心向前下方。（图30.14、图30.15）

10.重心前移至左腿，成左弓步；两掌平行向上、向前按出，腕与肩平，掌心向前，指尖向上，塌腕舒掌。（图30.16）

【要点】

参见“右揽雀尾”要点，唯左右不同。

图 30.13

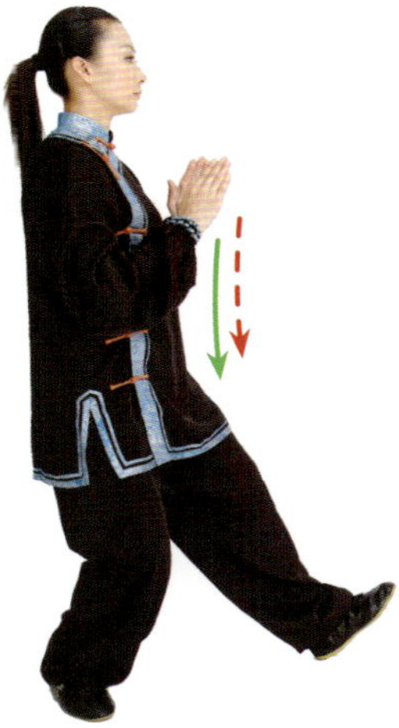

图 30.14

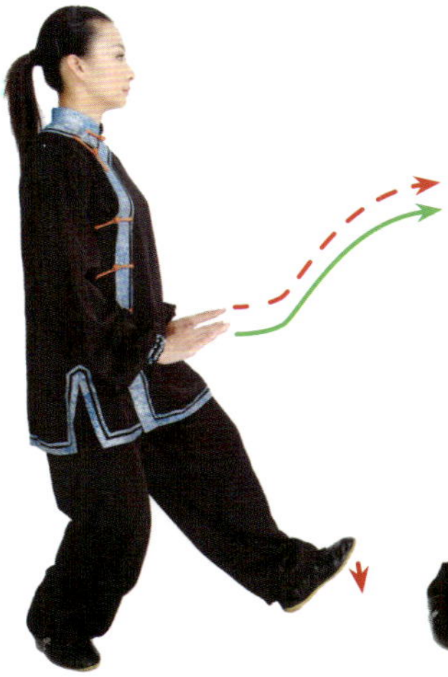

图 30.15

图 30.16

# 第三十一式　十字手

【练法】

1.重心移至右腿并屈蹲，右脚脚尖稍外摆；上体右转，左脚稍里摆，左腿自然蹬直。右掌弧形摆至身体右侧，两掌左右平举于身体两侧（偏前），两肘微屈，掌心斜向前。（图31.1、图31.2）

2.右脚脚尖微内扣，重心移向左腿并屈膝；上体微左转，两掌向下、向内画弧，掌心均向内。（图31.3）

图 31.1

图 31.2

图 31.3

3. 右脚内收，两脚与肩同宽，两脚脚尖向前，两膝微屈蹲，成开立步；两掌经腹前两腕相交，继而合抱举至胸前，左掌在内，右掌在外。目视前方。（图31.4、图31.5）

【要点】

在左右转换重心，以及成开立步、十字抱掌的过程中，上体始终保持正直，不可前倾突臀。

图 31.4

图 31.5

# 第三十二式　收式

【练法】

1. 两臂内旋向前伸举，两掌掌心翻转向下，两掌平行分开，与肩同宽。（图 32.1、图 32.2）

2. 两掌慢慢下落至两腿外侧，肩臂松垂，上体自然正直。（图32.3）

3. 重心右移，左脚收至右脚内侧，两脚并拢，脚尖向前，身体自然直立；呼吸平稳均匀；目视前方。（图32.4～图32.6）

【要点】

心静体松，立身中正，头颈竖直，舒胸收臀，周身舒松。

图 32.1

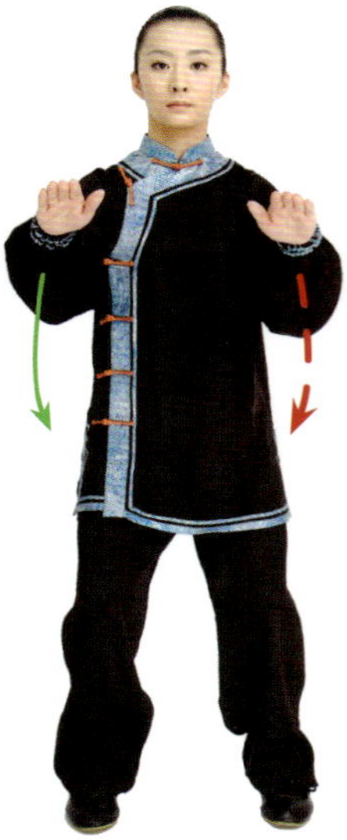

图 32.2

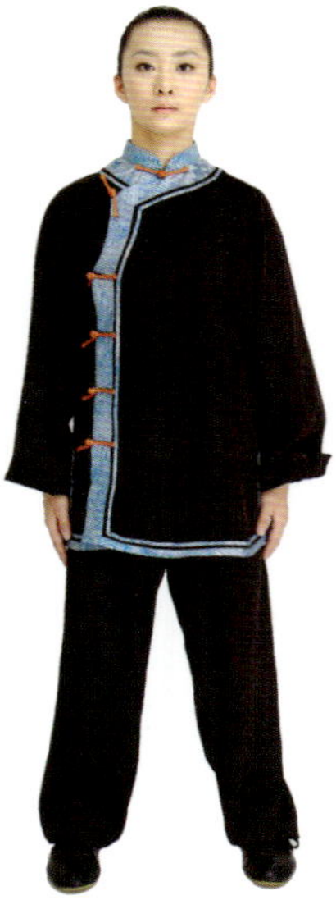

图 32.3

图 32.4

图 32.5

图 32.6